Je n'ai rencontré jusqu'à ce jour que deux exemplaires de ce livre inconnu à mon ami Weiss qui l'a mentionné sur ouï dire dans la biographie universelle.

Le présent exemplaire contient à la fin deux feuillets de plus que l'autre. L'imprimeur a voulu remplir la feuille et le propriétaire de l'autre exemplaire a retranché ces feuillets qu'il aura regardés comme un hors d'œuvre.

Avril, 1860

Dr. J. Payen

EGALITÉ DES HOMMES ET DES FEMMES.

A LA REYNE.

M. DC. XXII.

A LA REYNE.

MADAME,

Ceux qui s'aduiserent de donner vn Soleil pour deuise au Roy vostre Pere, auec ce mot, Il n'a point d'Occident pour moy, firent plus qu'ils ne pensoient: parce qu'en representans sa grandeur qui voit presque tousiours ce Prince des Astres sur quelqu'vne de ses terres, sans interuale de nuict; ils rendirent la deuise hereditaire en vostre Majesté, presageans vos vertus, & de plus, la beatitude des François sous vostre Auguste presence. C'est disie chez vostre Majesté, Madame, que la lumiere des vertus n'aura point d'Occident, ny cõsequemment l'heur & la felicité de nos Peuples qu'elles esclairerõt. Or comme vous estes en l'Orient de vostre aage & de vos vertus *ensemble, Madame, daignez prendre courage d'arriuer en mesme point au midy de luy & d'elles, ie dis de celles qui ne peuuent meurir que par temps & culture : car il en est quelques vnes des plus recommendables, entre autres la Religion, la charité vers les pauures, la chasteté & l'amour coniugale, dont vous auez touché le midy dés le matin. Mais certes il faut le courage requis à cet effort aussi grand & puissant que vostre Royauté, pour grande & puissante qu'elle soit: les Roys estãt battus de ce malheur, que la peste infernale des flatteurs qui se glissent dans les Palais, leur rend la vertu & la clair voyance sa guide & sa nourrice, d'vn accez infiniment plus difficile qu'aux inferieurs. Ie nescay qu'vn seur moyen à vous faire esperer, d'atteindre ces deux midys en mesme instant : c'est qu'il plaise à V. M. se ietter viuement sur les bons liures de prudence & de mœurs : car aussi tost qu'vn Prince s'est releué l'esprit par cet exercice, les flatteurs se trouuans les moins fins ne s'osent plus iouër à luy. Et ne peuuent communemẽt les Puissans & les Roys receuoir instruction opportune que des mors : parce que les viuans estans partis en deux bandes, les foux & meschans, c'est à dire ces flateurs dont est* question, ne ſçauent ny veulent bien dire pres d'eux ; les ſages & gens de bien peuuent & veulent, mais ils n'oſent. C'eſt en la vertu certes, MADAME, qu'il faut que les perſonnes de voſtre rang cherchent la vraye hauteſſe & la Couronne des Couronnes : d'autant qu'ils ont puiſſance & non droit de violer les loix & l'equité, & qu'ils trouuent autant de peril & plus de honte que les autres hommes à faire ce coup. Auſsi nous apprend vn grand Roy luy meſme, que toute la gloire de la fille du Roy eſt par dedans. Quelle eſt cependant ma ruſticité, tous autres abordent leurs Princes & Roys en adorant & loüant, i'oſe aborder ma Reyne en preſchant ? Pardonnez neantmoins à mon zele, MADAME, qui meurt d'enuie d'ouyr la France crier ce mot, auec applaudiſſement, La lumiere n'a point d'Occident pour moy, par tout où paſſera voſtre MAIESTÉ nouueau Soleil des vertus : & d'enuie encore de tirer d'elle, ainſi que i'eſpere de ſes dignes commencemens, vne des plus fortes preuues du Traicté que i'offre à ſes pieds, pour maintenir l'egalité des hommes & des femmes. Et non ſeulement veu la grandeur vnique qui vous eſt acquiſe par naiſſance & par mariage, vous ſeruirez de miroir au ſexe

& de suiet d'emulation aux hommes encore, en l'estēduë de l'Vniuers, si vous vous esleuez au prix & merite que ie vo⁹ propose: mais aussi tost, MADAME, *que vous aurez pris resolution de vouloir luyre de ce bel & precieux esclat, on croira que tout le mesme sexe esclaire en la splendeur de vos rayons. Ie suis de vostre Maiesté*

MADAME,

Tres-humble & Tres-obeissante seruante & subjecte.
GOVRNAY.

EGALITE' DES HOMMES ET DES FEMMES.

LA plusſpart de ceux qui prennẽt la cauſe, des femmes, contre cette orgueilleuſe preferance que les hommes s'attribuent, leur rendent le change entier: r'enuoyans la preferance vers elles. Moy qui fuys toutes extremitez, ie me contente de les eſgaler aux hommes: la nature s'oppoſant pour ce regard autant à la ſuperiorité qu'à l'inferiorité. Que diſ-je, il ne ſuffit pas à quelques gens de leur preferer le ſexe maſculin, s'ils ne les confinoient encores d'vn arreſt irrefragable & neceſſaire à la quenoüille, ouy meſme à la quenouille ſeule. Mais ce qui les peut conſoler contre ce meſpris, c'eſt qu'il ne se faict que par ceux d'entre les hommes ausquels elles voudroient moins ressembler : personnes à donner vray semblance aux reproches qu'on pourroit vosmir sur le sexe feminin, s'ils en estoient, & qui sentent en leur cœur ne se pouuoir recommãder que par le credit de l'autre. D'autant qu'ils ont ouy trompetter par les ruës, que les femmes manquent de dignité, manquent aussi de suffisance, voire du temperament & des organes pour arriuer à cette-cy, leur eloquence triomphe à prescher ces maximes : & tant plus opulemment, de ce que, dignité, suffisance, organes & temperament sont beaux mots : n'ayans pas appris d'autre part, que la premiere qualité d'vn mal habill'homme, c'est de cautionner les choses soubs la foy populaire & par ouyr dire. Voyez tels esprits comparer ces deux sexes : la plus haute suffisance à leur aduis où les femmes puissent arriuer, c'est de ressembler le commun des hommes : autant eslongnez d'imaginer, qu'vne grande femme se peust dire grand homme, le sexe chãgé, que de consentir qu'vn homme se peust

peuſt eſleuer à l'eſtage d'vn Dieu. Gens plus braues qu'Hercules vrayement, qui ne desfit que douze monſtres en douze combats; tandis que d'vne ſeule parolle ils desfont la moitié du Monde. Qui croira cependant, que ceux qui ſe ueulent eſleuer & fortifier de la foibleſſe d'autruy, ſe puiſſent eſleuer ou fortifier de leur propre force? Et le bon eſt, qu'ils penſent eſtre quittes de leur effronterie à vilipender ce ſexe, vſants d'vne effronterie pareille à ſe loüer & ſe dorer eux meſmes, ie dis par fois en particulier comme en general, voire à quelque tort que ce ſoit: comme ſi la verité de leur vãterie receuoit meſure & qualité de ſon impudence. Et Dieu ſçait ſi ie congnois de ces ioyeux vanteurs, & dont les vanteries ſont tantoſt paſſées en prouerbe, entre les plus eſchauffez au meſpris des femmes. Mais quoy, s'ils prennent droict d'eſtre galans & ſuffiſans hommes, de ce qu'ils ſe declarent tels cõme par Edict; pourquoy n'abeſtiront ils les femmes par le contrepied d'vn autre Edict? Et ſi ie iuge bien, ſoit de la dignité, ſoit de la capacité des dames, ie ne pretends pas à cette heure de le prouuer par raiſons, puiſque les opiniaſtres les pouroient debattre, ny par exemples, d'autant qu'ils ſont trop cõmuns; ains ſeulement par l'auℭthorité de Dieu meſme, des arcſboutans de ſon Egliſe & de ces grands hommes qui ont ſeruy de lumiere à l'Vniuers. Rengeons ces glorieux teſmoins en teſte, & reſeruons Dieu, puis les Saincts Peres de ſon Egliſe, au fonds, comme le treſor.

Platon à qui nul n'a debattu le tiltre de diuin, & conſequemment Socrates ſon interprete & Protecole en ſes Eſcripts; (s'il n'eſt là meſme celuy de Socrates, ſon plus diuin Precepteur) leur aſſignent meſmes droicts, facultez & functions, en leurs Republiques & par tout ailleurs. Les maintiennent, en outre, auoir ſurpaſſé maintefois tous les hommes de leur Patrie: comme en effect elles ont inuenté partie des plus beaux arts, ont excellé, voire enſeigné cathedralement & ſouuerainement ſur tous les hommes en toutes ſortes de perfections & vertus, dans les plus fameuſes villes antiques entre autres Alexandrie, premiere de l'Empire apres Rome. Dont il eſt arriué que ces deux Philoſophes, miracles de Nature, ont creu dõner plus de luſtre à des diſcours de grand poix, s'ils les prononçoient en leurs liures par la bouche de Diotime & d'Aſpaſie : Diotime que ce dernier ne craint point d'appeller ſa maiſtreſſe & Preceptrice, en quelques vnes des plus hautes ſciences; luy Precepteur & maiſtre du genre humain. Ce que Theodoret releue ſi volontiers en l'Oraiſon de la Foy, ce me ſemble; qu'il paroiſt bien que l'opinion fauorable au ſexe luy eſtoit fort plauſible. Apres tous ces teſmoignages de Socrates, ſur le faict des dames; on void aſſez que s'il lache quelque mot au Sympoſe de Xenophon contre leur prudence, à comparaiſon de celle des hommes, il les regarde ſelon l'ignorance & l'inexperience où elles ſont nourries, ou bien au pis aller en general, laiſſant lieu frequent & ſpatieux aux exceptions: àquoy les deuiſeurs dont eſt queſtion ne s'entendent point.

Hypathia.

Que si les dames arriuēt moins souuēt que les hōmes, aux degrez d'excellence, c'est merueille que le deffaut de bonne instructiō, voire l'affluēce de la mauuaise expresse & professoire ne face pis, les gardant d'y pouuoir arriuer du tout. Se trouue til plus de difference des hommes à elles que d'elles à elles mesmes, selon l'institution qu'elles ont prinse, selon qu'elles sont esleuées en ville ou village, ou selon les Nations? Et pourquoy leur institution ou nourriture aux affaires & Lettres à l'egal des hommes, ne rempliroit elle ce vuide, qui paroist ordinairement entre les testes des mesmes hommes & les leurs: puis que la nourriture est de telle importance qu'vn de ses membres seulement, c'est à dire le commerce du monde, abondant aux Françoises & aux Angloises, & manquant aux Italiennes, celles cy sont de gros en gros de si loing surpassées par celles là? Ie dis de gros en gros, car en detail les dames d'Italie triumphent par fois: & nous en auons tiré deux Reynes à la prudence desquelles la France a trop d'obligation. Pourquoy vrayment la nourriture ne frapperoit elle ce coup, de remplir la distance qui se void entre les entendemens des hommes & des femmes; veu qu'en cet exemple icy le moins surmonte le plus, par l'assistance d'vne seule de ses parcelles, ie dis ce cõmerce & conuersatiõ : l'air des Italiẽnes estant plus subtil & propre à subtilizer les esprits, comme il paroist en ceux de leurs hommes, confrontez communement contre ceux là des François & des Anglois? Plutarque au Traicté des vertueux faicts des femmes maintient; que la vertu de l'homme & de la femme est mesme chose. Seneque d'autre part publie aux Consolations ; qu'il faut croire que la Nature n'a point traicté les dames ingratement, ou restrainct & racourcy leurs vertus & leurs esprits, plus que les vertus & les esprits des hõmes: mais qu'elle les a doüées de pareille vigueur & de pareille faculté à toute chose honeste & loüable. Voyons ce qu'en iuge apres ces deux, le tiers chef du Triũuirat de la sagesse humaine & morale en ses Essais. Il luy semble, dit il, & si ne sçait pourquoy, qu'il se trouue rarement des femmes dignes de commander aux hommes. N'est ce pas les mettre en particulier à l'egale contrebalance des hommes, & confesser, que s'il ne les y met en general il craint d'auoir tort: bien qu'il peust excuser sa restrinction, sur la pauure & disgraciée nourriture de ce sexe. N'oubliant pas au reste d'alleguer & releuer en autre lieu de son mesme liure, cette authorité que Platon leur depart en sa Republique : & qu'Anthistenes nioit toute difference au talent & en la vertu des deux sexes. Quant au Philosophe Aristote, puisque remuant Ciel & terre, il n'a point contredit en gros, que ie scache, l'opinion qui fauorise les dames, il l'a confirmée : s'en rapportant, sans doubte, aux sentences de son pere & grand pere spirituels, Socrates & Platõ, comme à chose constante & fixe soubs le credit de tels personnages: par la bouche desquels il faut aduoüer que le genre humain tout entier, & la raison mesme, ont prononcé leur arrest. Est il besoing d'alleguer infinis autres anciens & modernes de nom illustre, ou parmy

Erasme Epist: & Colloq. Polices derniers, Erasme, Politien, Agripa, ny cet honneste & pertinent Precepteur des courtizans: outre tant de fameux Poëtes si contrepoinctez tous ensemble aux mespriseurs du sexe feminin, & si partisans de ses aduantages aptitude & disposition à tout office & tout exercice louable & digne? Les dames en verité se consolent, que ces descrieurs de leur merite ne se peuuent prouuer habiles gens, si tous ces esprits le sont: & qu'vn homme fin ne dira pas, encores qu'il le creust, que le merite & passedroit du sexe feminin tire court, pres celuy du masculin; iusques à ce que par arrest il ait faict declarer tous ceux là buffles, affin d'infirmer leur tesmoignage si contraire à tel decry. Et buffles faudroit il encores declarer des Peuples entiers & des plus sublins, entre autres ceux de Smyrne en Tacitus: qui pour obtenir iadis à Rome presseãce de noblesse sur leurs voisins, allegoient estre descendus, ou de Tantalus fils de Iupiter ou de Theseus petit fils de Neptune ou d'vne Amazone, laquelle par ce moyen ils contrepesoient

tia: Epist. Agripa Precel: du sexe feminin. Courtizan.

à ces Dieux. Pour le regard de la loy Salique, qui priue les femmes de la couronne, elle n'a lieu qu'en France. Et fut inuẽtée au temps de Pharamond, pour la ſeulle conſideration des guerres contre l'Empire duquel nos Peres ſecoüoient le ioug : le ſexe feminin eſtant vray ſemblablement d'vn corps moins propre aux armes, par la neceſſité du port & nourriture des enfans. Il faut rémarquer encores neantmoins, que les Pairs de France ayans eſté créez en premiere intention comme vne eſpece de perſonniers des Roys, ainſi que leur nom le declare: les dames Pairaiſſes de leur chef ont ſeance, priuilege & voix deliberatiue par tout où les Pairs en ont & de meſme eſtendue. Comme auſſi les Lacedemoniens ce braue & genereux Peuple, conſultoit de toutes affaires priuées & publiques auec ſes femmes. Bien a ſeruy cependant aux François, de trouuer l'inuention des Regentes, pour vn equiualent des Roys ; car ſans cela combien y a il que leur Eſtat fuſt par terre? Nous ſçaurions bien dire aujourd'huy par eſpreuue, quelle neceſſi-

Hotman pour l'etymologie des Pairs: du Tillet & Math. Hiſt oire du Roy pour les Dames Rairreſſes.

Plut.

te

té les minoritez des Roys ont de cette recepte. Les Germains ces belliqueux Peuples, dit Tacitus, qui apres plus de deux cens ans de guerre, furent plustost triumphéz que vaincus ; portoient dot à leurs femmes, non au rebours. Ils auoient au surplus des Nations, qui n'estoient iamais regies que par ce sexe. Et quand Ænee presente à Didon le sceptre d'Ilione, les scoliastes disent, que cela prouient, de ce que les dames filles aisnées, telle qu'estoit cette Princesse, regnoient anciennement aux maisons Royalles. Veult-on deux plus beaux enuers à la loy Salique, si deux enuers elle peut souffrir? Si ne mesprisoient pas les femmes nos anciens Gaulois, ny les Carthaginois aussi; lors qu'estans vnis en l'armée d'Hanibal pour passer les Alpes, ils establirent les dames Gauloises arbitres de leurs differends. Et quand les hommes desroberoient à ce sexe en plusieurs lieux, part aux meilleurs aduantages ; l'inegalité des forces corporelles plus que des spirituelles, ou du merite, peut facilement estre cause du larrecin & de sa souffrance : forces corporelles, qui ſont vertus ſi baſſes, que la beſte en tient plus par deſſus l'homme, que l'homme par deſſus la femme. Et ſi ce meſme Hiſtoriographe Latin nous apprend, qu'où la force regne, l'equité, la probité, la modeſtie meſme, ſont les attributs du vainqueur; s'eſtonnera-on, que la ſuffiſance & les merites en general, ſoient ceux de nos hommes, priuatiuement aux femmes.

Au ſurplus l'animal humain n'eſt homme ny femme, à le bien prendre, les ſexes eſtants faicts non ſimplement, mais *ſecundum quid*, comme parle l'Eſchole: c'eſt à dire pour la ſeule propagation. L'vnique forme & difference de cet animal, ne conſiſte qu'en l'ame humaine. Et s'il eſt permis de rire en paſſãt, le quolibet ne ſera pas hors de ſaiſõ, nous apprenant; qu'il n'eſt rien plus ſemblable au chat ſur vne feneſtre, que la chatte. L'homme & la femme ſont tellement vns, que ſi l'homme eſt plus que la femme, la femme eſt plus que l'homme. L'homme fut creé maſle & femelle, dit l'Eſcriture, ne comptant ces deux que pour vn. Dont Ieſus-Chriſt eſt appellé fils de l'homme, bien qu'il ne le ſoit que de la femme. Ainſi parle apres le grãd Sainct Baſile: La vertu de l'homme & de la femme eſt meſme choſe, puis que Dieu leur a decerné meſme creation & meſme honneur : *maſculum & fœmininam fecit eos*. Or en ceux de qui la Nature eſt vne & meſme, il faut que les actions auſſi le ſoient, & que l'eſtime & loyer en ſuitte ſoient pareils, où les œuures ſont pareilles. Voila donc la depoſition de ce puiſſant pilier, & venerable teſmoing de l'Egliſe, Il n'eſt pas mauuais de ſe ſouuenir ſur ce poinct, que certains ergotiſtes anciens, ont paſſé iuſques à cette niaiſe arrogance, de debattre au ſexe feminin l'image de Dieu a difference de l'homme: laquelle image ils deuoient, ſelon ce calcul attacher à la barbe. Il failloit de plus & par conſequent, deſnier aux femmes l'image de l'homme, ne pouuant luy reſſembler, ſans qu'elles reſſemblaſſent à celuy auquel il reſſemble. Dieu meſme leur à departy les dons de Prophetie indifferamment auec les hommes, les ayant eſtablies auſſi pour Iuges, inſtructrices

Homil. 1.

Olda Debora.

& conductrices de son Peuple fidelle en paix & en guerre: & qui plus est, rendu triumphantes auec luy des hautes victoires, qu'elles ont aussi maintefois emportées & arborées en diuers lieux du Monde: mais sur quelles gens, à vostre aduis? Cyrus & Theseus: à ces deux on adiouste Hercules, lequel elles ont sinon vaincu, du moins bien battu. Aussi fut la cheute de Pentasilée, couronnemẽt de la gloire d'Achilles: oyez Seneque & Ronsard parlans de luy.

L'Amazone il vainquit dernier effroy des Grecs.

Pentasilée il rua sur la poudre.

Ont elles au surplus, (ce mot par occasion) moins excellé de foy, qui comprend toutes les vertus principales, que de suffisance & de force magnanime & guerriere? Paterculus nous apprend, qu'aux proscription Romaines, la fidelité des enfãs fut nulle, des affranchis legere, des femmes tresgrande. Que si Sainct Paul, suyuãt ma route des tesmoignages saincts, leur deffend le ministere & leur commande le silence en l'Eglise: il est euident que ce n'est point par aucun mespris: ouy bien seulement, de crainte qu'elles n'esmeuuent les tentations, par cette montre si claire & publique qu'il faudroit faire en ministrant & preschant, de ce qu'elles ont de grace & de beauté plus que les hommes. Ie dis que l'exemption de mespris est euidente, puisque cet Apostre parle de Thesbé comme de sa coadiutrice en l'œuure de nostre Seigneur, sans toucher le grand credit de Saincte Petronille vers sainct Pierre: & puis aussi que la Magdeleine est nommée en l'Eglise egale aux Apostres, *par Apostolis*: Voire que l'Eglise & eux-mesmes ont permis vne exception de ceste reigle de silence pour elle, qui prescha trente ans en la Baume de Marseille au rapport de toute la Prouence. Et si quelqu'vn impugne ce tesmoignage de predications, on luy demandera que faisoient les Sibyles, sinon prescher l'Vniuers par diuine inspiration, sur l'euenement futur de Iesus-Christ? Toutes les anciennes Nations cõcedoient la Prestrise aux fẽmes, indifferemment auec les hommes. Et les Chrestiens sont au moins forcez

Entre autres au Calendrier des Grecs, publié par Genebrard.

de consentir, qu'elles soyent capables d'appliquer le Sacrement de Baptesme: mais quelle faculté de distribuer les autres, leur peut estre iustement deniée; si celle de distribuer cestuy-là, leur est iustement accordé? De dire que la necessité des petits enfãs mourãs, ait forcé les Peres anciens d'establir cet vsage en despit d'eux: il est certain qu'ils n'auroient iamais creu que la necessité les peust dispenser de mal faire, iusques aux termes de permettre violer & diffamer l'application d'vn Sacrement. Et partant concedans ceste faculté de distribution aux femmes, on void à clair qu'ils ne les ont interdites de distribuer les autres Sacremẽs, que pour maintenir tousiours plus entiere l'auctorité des hommes; soit pour estre de leur sexe, soit afin qu'à droit ou à tort, la paix fust plus asseurée entre les deux sexes, par la foiblesse & rauallement de l'vn. Certes sainct Ierosme escrit sagement à nostre propos; qu'en matiere du seruice de Dieu, l'esprit & la doctrine doiuent estre considerez, non le sexe. Sentence qu'on doit generaliser, pour permettre aux Dames

Epist.

à plus forte raison, toute action & sciẽce honneste: & cela suyuant aussi les intentions du mesme sainct, qui de sa part honnore & auctorise bien fort leur sexe. Dauantage sainct Iean l'Aigle & le plus chery des Euangelistes, ne mesprisoit pas les fẽmes, non plus que sainct Pierre, sainct Paul & ces deux Peres, i'entends saint Basile & sainct Ierosme; puis qu'il leur addresse ses Epistres particulieremẽt: sans parler d'infinis autres Ss: ou Peres, qui font pareille addresse de leurs Escrits. Quand au faict de Iudith ie n'en daignerois faire mention s'il estoit particulier, cela s'appelle dependant du mouuement & volonté de son auctrice: non plus que ie ne parle des autres de ce qualibre; bien qu'ils soient immenses en quantité, comme ils sont autant heroiques en qualité de toutes sortes, que ceux qui couronnent les plus illustres hommes. Ie n'enregistre point les faicts priuez, de crainte qu'ils semblent, non aduantages & dons du sexe, ains boüillons d'vne vigueur priuée & specialle. Mais celuy de Iudith merite place en ce lieu, parce qu'il est

Electra.

bien vray, que son dessein tombant au cœur d'vne ieune dame, entre tant d'hommes lasches & faillis de cœur, à tel besoing, en si haulte & si difficile entreprise,& pour tel fruict, que le salut d'vn Peuple & d'vne Cité fidelle à Dieu: semble plustost estre vne inspiration & prerogatiue diuine vers les femmes, qu'vn traict purement voluntaire. Comme aussi le semble estre celuy de la Pucelle d'Orleans, accompagné de mesmes circonstances enuiron, mais de plus ample & large vtilité, s'estendant iusques au salut d'vn grand Royaume & de son Prince.

Æneid. 1. allusion.

Cette illustre Amazone instruicte aux soins de Mars,
Fauche les escadrons & braue les hazars:
Vestant le dur plastron sur sa ronde mammelle,
Dont le bouton pourprè de graces estincelle:
Pour couronner son chef de gloire & de lauriers,
Vierge elle ose affronter les plus fameux guerriers.

Adjoustons

Adjouſtons que la Magdelene eſt la ſeule ame, à qui le Redempteur ait iamais prononcé ce mot, & promis cette auguſte grace: En tous lieux où ſe preſchera l'Euangile il ſera parlé de toy. Ieſus-Chriſt d'autrepart, declara ſa tres heureuſe & tres glorieuſe reſurrection aux dames les premieres, affin de les rẽdre, dit vn venerable Pere ancien, Apoſtreſſes aux propres Apoſtres: cela, cõme lon ſçait, auec miſſion expreſſe: Va, dit il, à cette cy meſme, & recite aux Apoſtres & à Pierre ce que tu as veu. Surquoy il faut notter, qu'il manifeſta ſa nouuelle naiſſance eſgalement aux femmes qu'aux hommes, en la perſonne d'Anne fille de Phannel, qui le recongneut en meſme inſtant, que le bon vieillard Sainct Simeon. Laquelle naiſſance, d'abondant, les Sybilles nommées, ont predite ſeules entre les Gentils, excellent priuilege du ſexe feminin. Quel honneur faict aux femmes auſſi, ce ſonge ſuruenu chez Pilate; s'addreſſant à l'vne d'elles priuatiuement à tous les hommes, & en telle & ſi haulte occaſion. Et ſi les hommes ſe vantent, que

D

Iesus-Christ soit nay de leur sexe, on respond, qu'il le failloit par necessaire bien sceance, ne se pouuant pas sans scandale, mesler ieune & à toutes les heures du iour & de la nuict parmy les presses, aux fins de conuertir, secourir & sauuer le genre humain, s'il eust esté du sexe des femmes: notamment en face de la malignité des Iuifs. Que si quelqu'vn au reste est si fade; d'imaginer masculin ou feminin en Dieu, bien que son nom semble sonner le masculin, ny consequemment besoin d'acception d'vn sexe plustost que de l'autre, pour honnorer l'incarnation de son fils; cettuy cy monstre à plein iour, qu'il est aussi mauuais Philosophe, que Theologien. D'ailleurs, l'aduantage qu'ont les hommes par son incarnation en leur sexe; (s'ils en peuuent tirer vn aduantage, veu cette necessité remarquée) est cõpensé par sa conception tres precieuse au corps d'vne femme, par l'entiere perfection de cette femme, vnique à porter nom de parfaicte entre toutes les creatures purement humaines, depuis la cheute de nos premiers parens, &

par ſon aſſumption vnique en ſuiect humain auſſi.

Finalement ſi l'Eſcripture a declaré le mary, chef de la femme, la plus grande ſottiſe que l'homme peuſt faire, c'eſt de prendre cela pour paſſedroict de dignité. Car veu les exemples, aucthoritez & raiſons nottées en ce diſcours, par où l'egalité des graces & faueurs de Dieu vers les deux eſpeces ou ſexes eſt prouuée, voire leur vnité meſme, & veu que Dieu prononce: Les deux ne ſeront qu'vn: & prononcé encores: L'hõme quittera pere & mere pour ſuiure ſa femme ; il paroiſt que cette declaration n'eſt faicte que par le beſoin expres de nourrir paix en mariage. Lequel beſoin requeroit, ſans doubte, qu'vne des parties cédaſt à l'autre , & la preſtance des forces du maſle ne pouuoit pas ſouffrir que la ſoubmiſſiõ veït de ſa part. Et quand bien il ſeroit veritable , ſelon que quelques vns maintiennent, que cette ſoubmiſſion fut imposée à la femme pour chaſtiement du peché de la pomme: cela encores eſt bien eſloigné de conclure à la pretendue preferance de dignité en l'homme. Si lon croioit que l'Escripture luy commendast de ceder à l'homme, comme indigne de le contrecarrer, voyez l'absurdité qui suiuroit: la femme se treueroit digne d'estre faicte à l'image du Createur, de iouyr de la tressaincte Eucaristie, des mysteres de la Redemptiõ, du Paradis & de la vision voire possession de Dieu, non pas des aduantages et priuileges de l'homme: seroit ce pas declarer l'homme plus precieux & releué que telles choses, & partant commettre le plus grief des blasphemes?

FIN.

L'IMPRIMEVR A RANGE ces vers icy pour emplir le reste de la feuille.

AVTHEVR INCERTAIN.

Lumine Acron dextro captus, Leonilla sinistro,
Et potis est forma vincere vterque Deos.
Blande puer, lumen quod habes concede sorori:
Sic tu cæcus Amor, sic erit illa Venus.

VERSION.

Lys & sa ieune mere außy beaux que les Dieux:
De deux costez diuers ont perdu l'vn des yeux.
Lys, donne ton bon œil à ta mere Argentine;
Tu seras Cupidon, elle sera Cyprine.

AVTREMENT

Lyse & son petit Lys außy beaux que les Dieux,
De deux costez diuers ont perdu l'vn des yeux.
Si Lys donne l'autre œil à sa mere admirée;
Il est l'aueugle Amour, & Lyse Cytherée.

EX HORATIO.

DIAL.

DOnec gratus eram tibi,
Nec quisquam potior brachia candidæ
Ceruici iuuenis dabat,
Persarum vigüi Rege beatior.
Donec non alia magis
Arsisti, neque erat Lydia post Chloen,
Lydia multi nominis,
Romana vigui clarior Ilia.
Me nunc Thrassa Chloe regit,
Dulces docta modos & Cytharæ sciens:
Pro qua non metuam mori,
Si parcent animæ fata superstiti.
Me torret face mutua
Thurini Calais filius Orinthi:
Pro quo bis patiar mori,
Si parcent puero fata superstiti.
Quid si prisca redit Venus,
Diductosque iugo cogit aheneo?
Si flaua excutitur Chloe
Reiectæque patet ianua Lydiæ?
Quanquam sidere pulchrior
Ille est, tu leuior cortice & improbo
Iracundior Adria;
Tecum viuere amem, tecum obeam libens.

DIALOGVE D'HORACE ET DE LYDIE

TAndis que mon Amour t'enflãmoit conſtãmẽt,
Tandis qu'vn ieune amy, brauãt ma ialouſie,
Ne preſſoit ton beau col d'vn mol embraſſement,
I'ay flory plus heureux qu'vn Monarque d'Aſie.

Deuant que ton eſprit briſaſt ſa loyauté,
Deuant qu'il euſt chery d'vne aueugle folie
Cloé plus que Lydie, illuſtre de beauté,
I'ay ſurmonté l'eſclat de la Romaine Ilie.

Cloé Greque ſans pair me poſſede à ſon tour
Par sõ luth & ſa voix qui ſcait charmer l'oreille:
Et mourrois volontiers, victime de l'Amour,
Pour conſeruer mourant cette ieune merueille.

Calaïs Thurien épris de mes appas,
Par vn reuers gentil de ſes attraits me bleſſe:
Et ſouffrirois deux fois la rigueur du treſpas,
Pour ſauuer du tombeau cette belle ieuneſſe.

Quoy ſi l'amour premier reſſuſcitant ſon feu
Ramenoit ſoubs ton ioug mon ame reuoltée?
Quoy ſi mon cœur ſolide éterniſant ſon vœu,
Ma Lydie eſt reçeue & Cloé rejettée?

Encor qu'il ſoit plꝰ beau qu'vn aſtre au frõt des cieux,
Toy plus leger qu'vn liege & plus mutin que l'õde;
Ie veux rouler mes iours aux priſons de tes yeux,
Ie veux que mon cercueil tes obſeques ſeconde.

INCERTAIN SVR LH'ORLOGE DE SABLE.

EXiguus vitro puluis qui diuidit horas,
Et leuis angustum sæpe recurrit iter,
Olim Alcipus erat: qui Marthæ vt vidit ocellos
Arsit, & est subito factus ab igne cinis.
Irrequiete cinis, miseros testabere amantes,
More tuo, nulla posse quiete frui.

VERSION

Ce peu de poudre, helas! qui fîle en ces deux verres,
Courant & recourant sur ses estroictes erres,
Affin de marquer l'heure & mesurer le iour,
Estoit iadis Alcipe esclaue de l'Amour.
Bruslè des yeux de Marthe il coula tout en cēdre:
Et faut, cendre inquiete, en ton aspect cōprendre:
Qu'vn miserable esprit blessé par vn bel œil
N'a iamais de repos s'il ne manque au cercueil.

www.ingramcontent.com/pod-product-compliance
Ingram Content Group UK Ltd.
Pitfield, Milton Keynes, MK11 3LW, UK
UKHW020945220726
13924UKWH00002B/506

9 782019 962395